I0797421

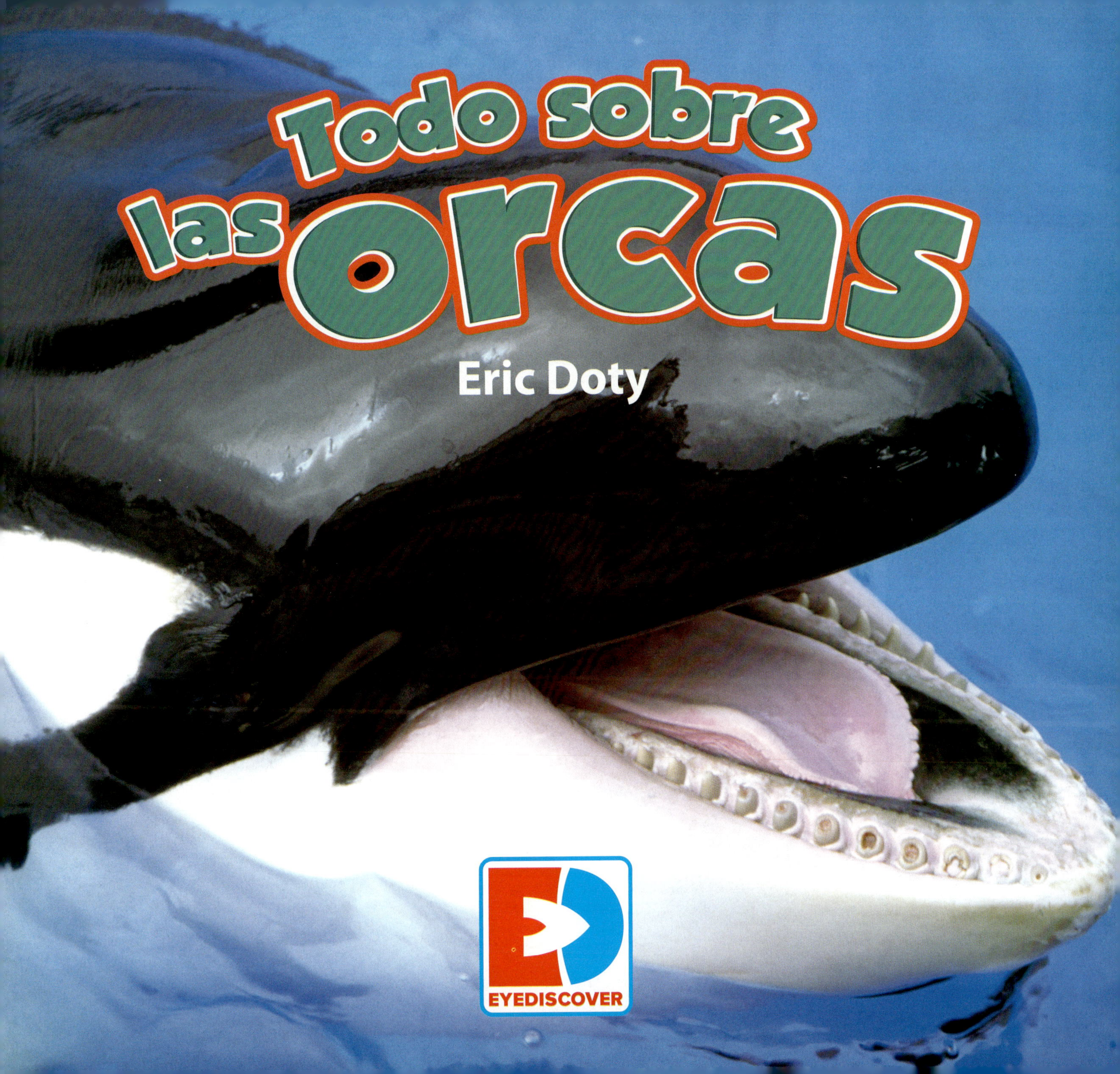
Todo sobre las orcas
Eric Doty
EYEDISCOVER

Ve a **www.eyediscover.com** e ingresa el código único de este libro.

CÓDIGO DEL LIBRO

AVM75525

EYEDISCOVER te trae libros mejorados por multimedia que apoyan el aprendizaje activo.

Published by AV² by Weigl
350 5th Avenue, 59th Floor New York, NY 10118
Website: www.eyediscover.com

Library of Congress Control Number: 2018942792

ISBN 978-1-4896-8203-1 (hardcover)

Printed in the United States of America
in Brainerd, Minnesota
1 2 3 4 5 6 7 8 9 0 22 21 20 19 18

052018
011618

English Editor: Katie Gillespie
Spanish Editor: Ana María Vidal
Designer: Mandy Christiansen
Spanish/English Translator: Translation Services USA

Weigl acknowledges Getty Images, Alamy, and Minden pictures as the primary image suppliers for this title.

EYEDISCOVER proporciona contenido enriquecido, optimizado para el uso en tabletas, que complementa este libro. Los libros de EYEDISCOVER se esfuerzan por crear un aprendizaje inspirado e involucrar a las mentes jóvenes en una experiencia de aprendizaje total.

Mira
El contenido de video da vida a cada página.

Navega
Las miniaturas simplifican la navegación.

Lee
Sigue el texto en la pantalla.

Escucha
Escucha cada página leída en voz alta.

Tu EYEDISCOVER con Seguimiento de Lectura Óptico cobra vida con...

Audio
Escucha todo el libro leído en voz alta.

Video
Los videos de alta resolución convierten cada hoja en un seguimiento de lectura óptico.

OPTIMIZADO PARA

- TABLETAS
- PIZARRAS ELECTRÓNICAS
- COMPUTADORES
- ¡Y MUCHO MÁS!

Todo sobre las orcas

En este libro, aprenderás sobre

- cómo se ven

- dónde viven
- qué comen

¡y mucho más!

Las orcas son ballenas. Ellas son mamíferos grandes.

Una orca tiene una aleta larga en su espalda. Ayuda a mantener a la orca fresca.

Las orcas son muy pesadas. Una orca puede pesar como cinco autos.

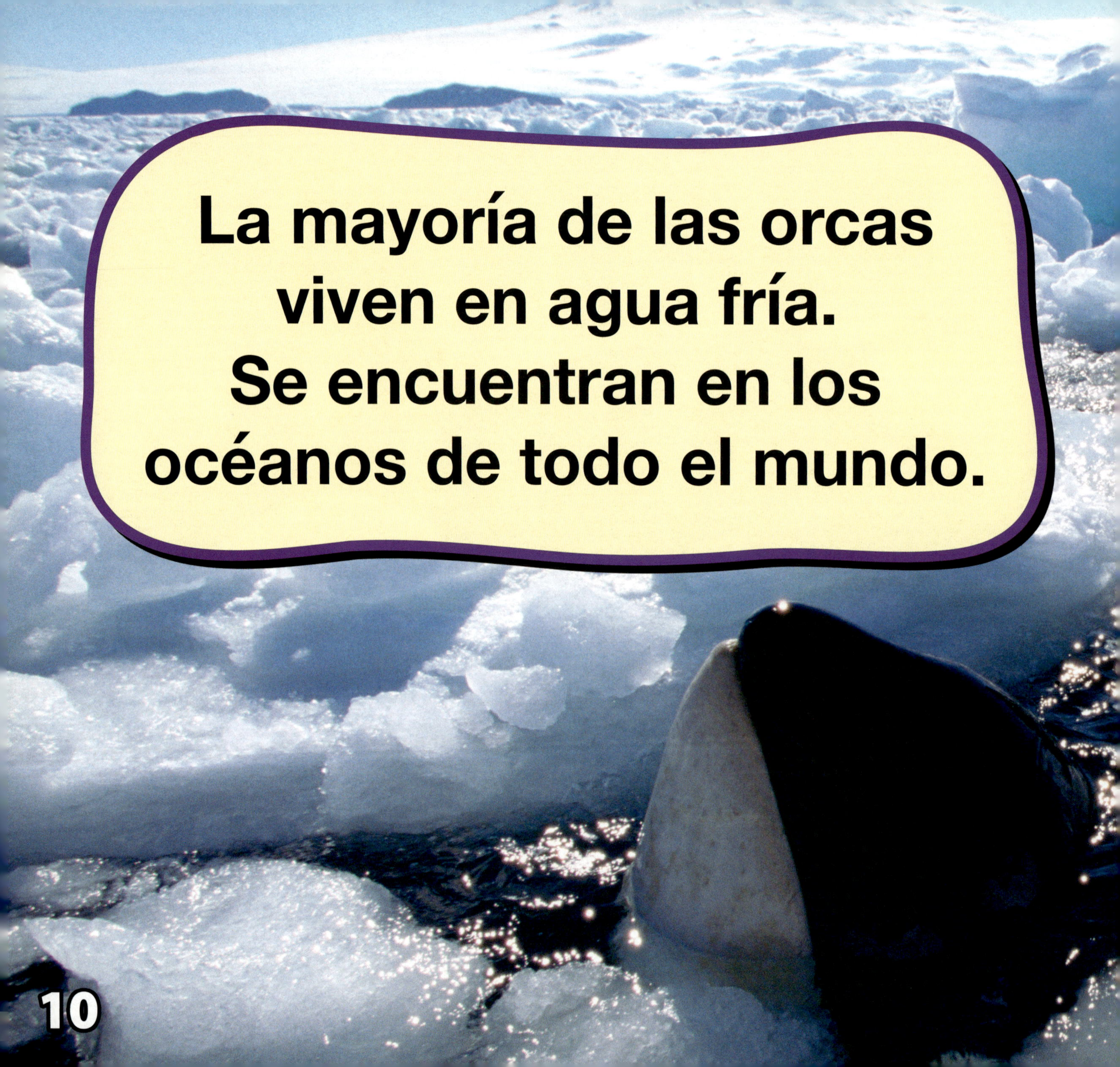

La mayoría de las orcas viven en agua fría. Se encuentran en los océanos de todo el mundo.

Las orcas viven en grupos familiares. Estos grupos se llaman manadas.

Una orca hace sonidos para ayudarse a ver debajo del agua.

Las orcas comen animales marinos como focas y peces.

Las orcas son inteligentes y juguetonas.

La gente puede ayudar a las orcas cuidando el océano.

Una orca puede nadar **tan rápido** como **35** **millas por hora**. (56 kilómetros por hora)

Las **orcas** pueden ser tan **largas** como un **autobús escolar**.

Las manadas de orcas pueden tener **hasta 40** miembros.

Muchas orcas se quedan **toda la vida** con sus **madres.**

El diente de una orca puede crecer hasta

4

pulgadas de largo.
(10 centímetros)

Las orcas son los miembros **MAS GRANDES** más grandes de la familia de los **delfines.**

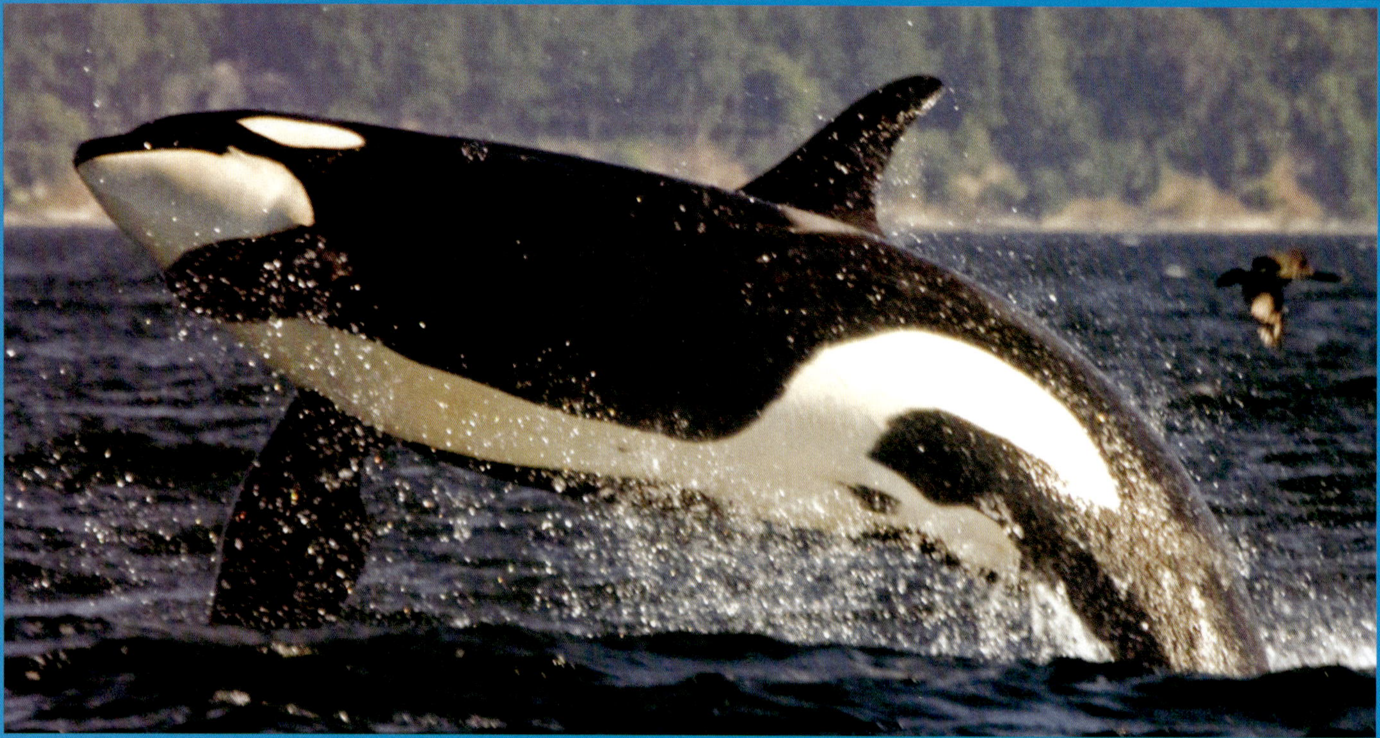

Mira
El contenido de video da vida a cada página.

Navega
Las miniaturas simplifican la navegación.

Lee
Sigue el texto en la pantalla.

Escucha
Escucha cada página leída en voz alta.

Ve a www.eyediscover.com e ingresa el código único de este libro.

CÓDIGO DEL LIBRO

AVM75525